Les cocktails de Jacques Normand

- Maquette de la couverture: JACQUES DESROSIERS

- Maquette et mise en pages: DONALD MORENCY

- Photo de la page couverture: BERNARD NOBERT

- Les illustrations en couleurs proviennent des séries
ARNE KRÜGERS MIXKARTEN [«Long Drinks» Grafe und
Unzer Verlag, München].

- Les illustrations en couleurs servant à notre choix des verres à
cocktails ont été gracieusement fournies par la maison SEAGRAM.

DISTRIBUTEURS EXCLUSIFS:

- Pour le Canada:
AGENCE DE DISTRIBUTION POPULAIRE INC.*
955, rue Amherst, Montréal H2L 3K4 (tél.: 514-523-1182)
*Filiale de Sogides Ltée

- Pour la France et l'Afrique:
INTER-FORUM
13, rue de la Glacière, 75013 Paris (tél.: 570-1180)

- Pour la Belgique, la Suisse, le Portugal, les pays de l'Est:
S.A. VANDER
Avenue des Volontaires 321, 1150 Bruxelles (tél.: 02-762-0662)

Bibliothèque nationale du Québec
Dépôt légal — 4e trimestre 1971

ISBN-0-7759-0302-7

Les cocktails de Jacques Normand

LES ÉDITIONS DE L'HOMME *

CANADA: 955, rue Amherst, Montréal H2L 3K4

*Division de Sogides Ltée

Avant de commencer à vous livrer mes secrets, je tiens à lever mon verre à la santé de mon bon ami **René Villeneuve** (mixologiste de son métier), qui m'a donné un sérieux coup de... coude pour le dosage des recettes que voici.

J.N.

INTRODUCTION

Qui a dit: «Il y a loin de la coupe aux lèvres?» Voilà, d'après moi, un fort mauvais dicton qui peut-être avait sa raison d'être avant que moi, **JACQUES NORMAND**, le **«couche-tard»**, ne me décide à le faire mentir.

Suivez-moi dans les aromatiques méandres de ce livre, où vous sont non seulement livrées les recettes des grands cocktails classiques, mais surtout celles de ma propre invention.

Ce sera mon legs à vous tous, bons buveurs devant l'Éternel. Dans cette société où, semble-t-il, le seul héritage qui nous échoit est celui d'interminables et indéchiffrables problèmes sociaux, moraux et politiques, il est bon de se ménager un refuge, une oasis où les difficultés s'estompent et les nuages se dissipent.

De la coupe aux lèvres, mes bons amis, il n'y a vraiment que la distance ou l'espace d'un moment, le moment de mélanger certains ingrédients, de les secouer et de ... lever le coude!

Scotch, rye, rhum, brandy, cognac, triple sec, cointreau, sherry, autant d'étapes vers le réconfort de l'oubli, vers la joie, vers la vie en rose.

A la bonne vôtre, Messieurs, Dames!

docteur ès A. (ès alcools!)

Jacques Normand

Table des matières

PST!

Vous remarquerez que dans toutes mes préparations j'utilise les produits de **SEAGRAM'S** (j'ai bien le droit d'utiliser ce que je veux puisque c'est mon livre, non?).

De toute façon, mes cocktails seront sans doute tout aussi délicieux si vos préférences vont aux produits d'autres distilleries.

Ce qui importe, après tout, c'est d'ensoleiller la vie le plus possible, pour moi comme pour vous, car un bon verre c'est un rayon de soleil.

A la bonne vôtre!

POUR SALUER MES FRÈRES

Pour tous les couche-tard de la terre
Qu'ils soient bourgeois ou prolétaires
Voici des cocktails à foison
Cocktails classiques, cocktails maison

Pour rajeunir, vieillir en douce
Pour charmer les belles frimousses
Pour se donner du cran, d'l'allure
Pour réussir ses aventures
Moi, Jacques Normand, alcoologue
Dont la réputation n'est plus à faire,
Je lègue ce beau catalogue
En héritage à vous, mes frères

Santé à tous
A la bonne vôtre!

USTENSILES DU BAR MAISON

Longue cuiller à mélange.
Râpe à muscade.
Timbales en argent pour mélanges.
Coquille passoire pour cocktails.
SHAKERS: deux timbales emboîtées l'une sur
l'autre forment également un shaker.
Aussi une timbale sur un «tumbler».
Tasses en argent.
Porte-verre.
Passoires à rebord.
Petite presse à citron et à fruits.
Broyeur à glace.
Flacons stilligoutte pour:
Angostura bitters, curaçao rouge,
essence de café, essences diverses.
Mesures pour brandy (cognac), whisky, gin et
autres liqueurs.
Pique-glace.
Siphons et bouchons mécaniques pour mousseux.

SIROP SIMPLE*

A 16 oz. d'eau froide, ajouter une livre de sucre à fruits.

Remuer de temps à autre jusqu'à dissolution du sucre.

JUS DE CITRON PRÉPARÉ** (25 oz.)

1. **Extraire** le jus de 12 citrons pour obtenir environ 15 oz. de jus.

2. **Sucrer** au goût avec le sirop simple.
   (Utiliser environ 7 à 8 oz. de sirop).

3. **Ajouter** un oeuf battu.
   Garder au frais.

   Ces deux préparations entreront dans la composition de plusieurs cocktails.

Cocktails
au
Rhum

RUM FLIP

1¼ de rhum blanc Captain Morgan

1 oeuf entier

½ oz. de sirop simple*

4 ou 5 gouttes d'Angostura bitters

Secouer dans la glace et couler dans un verre à «old fashioned».

Saupoudrer de muscade.

---

* Voir à la page 15.

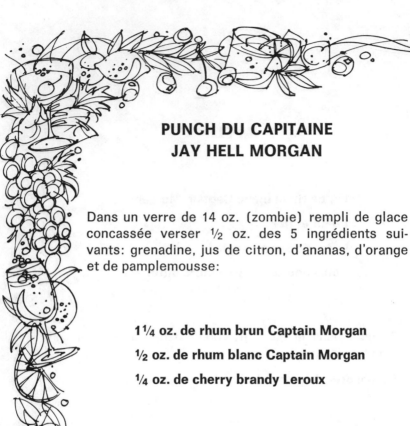

PUNCH DU CAPITAINE
JAY HELL MORGAN

Dans un verre de 14 oz. (zombie) rempli de glace concassée verser ½ oz. des 5 ingrédients suivants: grenadine, jus de citron, d'ananas, d'orange et de pamplemousse:

1¼ oz. de rhum brun Captain Morgan

½ oz. de rhum blanc Captain Morgan

¼ oz. de cherry brandy Leroux

Garnir de fruits et servir avec cuiller et pailles.

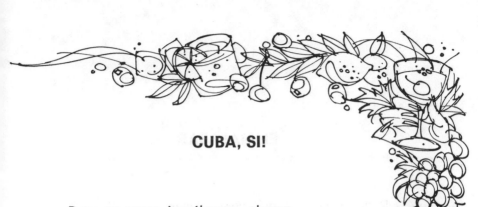

CUBA, SI!

Dans un verre à mélanger, placer:

2 oz. de jus d'ananas

1½ oz. de rhum blanc Captain Morgan

½ oz. de Leroux Triple Sec

1 trait d'Angostura bitters

Secouer avec de la glace concassée et verser dans un verre de 8 onces.

Décorer d'une brindille de menthe, 2 morceaux d'ananas et 2 cerises rouges.

Servir avec 2 pailles.

EL MALABAR

Dans un verre à mélanger, placer:

1 oz. de jus d'orange

1 oz. de jus de limette

¼ oz. de grenadine

1½ oz. de rhum blanc Captain Morgan

Secouer avec cubes de glace et verser le tout dans un grand verre.

Décorer d'une tranche de limette, d'une tranche d'orange et de 2 cerises rouges.

Servir avec pailles.

OLÉ! OLÉ!

Dans un verre à mélanger, placer:

3 oz. de jus d'orange

1 trait d'Angostura bitters

1 ½ oz. de rhum blanc Captain Morgan

½ oz. de Leroux cherry whisky

Secouer avec cubes de glace et servir dans un bock avec brindilles de menthe et 2 pailles.

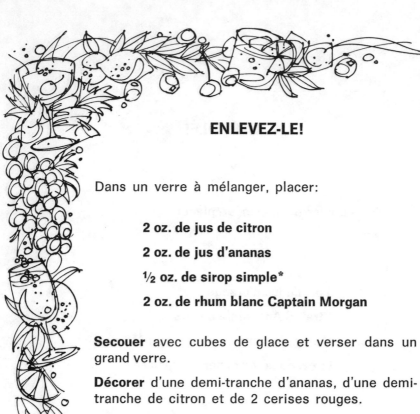

ENLEVEZ-LE!

Dans un verre à mélanger, placer:

2 oz. de jus de citron

2 oz. de jus d'ananas

½ oz. de sirop simple*

2 oz. de rhum blanc Captain Morgan

Secouer avec cubes de glace et verser dans un grand verre.

Décorer d'une demi-tranche d'ananas, d'une demi-tranche de citron et de 2 cerises rouges.

Servir avec 2 pailles.

---

* Voir à la page 15.

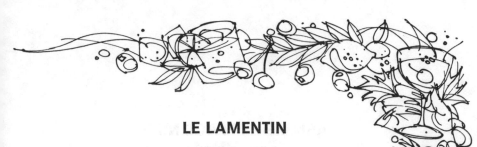

LE LAMENTIN

(Martinique)

Placer 3 ou 4 cubes de glace dans un verre à mélanger avec:

2 oz. de jus de pomme

1 trait d'Angostura bitters

1½ oz. de rhum blanc Captain Morgan

Remuer et verser dans une tasse avec un zeste d'orange.

ARIÂME . . . PLAGE NUE

*(en hommage à Pierre Dudan, aussi connu
sous le nom de Clopin Clopant)*

Hacher finement:

1 tranche de limette

½ tranche d'ananas en conserve

2 cerises rouges et placer dans un verre

à mélanger avec

2 oz. de jus d'ananas

1 oz. de jus de limette

1 trait d'Angostura bitters

1½ oz. de rhum blanc Captain Morgan

½ oz. de Leroux Apricot Brandy

Secouer avec glace concassée et verser le tout
dans un grand verre.

Servir avec 2 pailles.

P'TITS-Z-OISEAUX

Dans un verre à mélanger, placer:

2 oz. de jus de pamplemousse

1 oz. de jus d'orange

1 trait d'Angostura bitters

½ oz. de Leroux cherry brandy

1½ oz. de rhum blanc Captain Morgan

Secouer avec glace concassée et verser le tout dans un grand verre.

Décorer d'une tranche d'orange et de 2 cerises rouges.

Servir avec 2 pailles.

FADE OUT

Placer dans un verre à zombie:

5 cubes de glace avec 1 écorce d'orange en spirale

2 oz. de rhum blanc Captain Morgan

Remplir le verre de ginger ale.

Décorer de 2 cerises rouges et servir avec 2 pailles.

SOUS LE VENT

2 oz. de jus de canneberge

2 oz. de jus de pomme

1 trait d'Angostura bitters

2 oz. de rhum blanc Captain Morgan

Placer dans un verre à mélanger les jus et le bitters et remuer avant de servir dans un grand verre rempli de glace concassée avec une pelure de pomme.

Verser le rhum lentement pour qu'il flotte et ajouter 2 pailles.

MORGAN ROSÉ

Mettre dans un verre à mélanger:

        ¾ oz. de jus de citron
        ¼ oz. de grenadine
        1¼ oz. de rhum blanc Captain Morgan
        4 cubes de glace

Brasser vigoureusement avec le shaker.
Servir dans un verre à cocktail.
Décorer avec une cerise.

CUBA LIBRE

Dans un verre à collins:

Presser le jus d'une demi-limette et laisser tomber le morceau dans le verre contenant 1¼ oz. de rhum blanc **Captain Morgan.**
Remplir de Coca-Cola.

PUNCH «PLANTEUR»

Dans un verre à collins, mettre:

4 cubes de glace

1 oz. de jus d'orange

1 oz. de jus de citron

½ oz. de grenadine

1¼ oz. de rhum brun Captain Morgan

Couvrir de glace pilée.

Décorer avec 2 cerises, une tranche d'orange et une tranche de citron.

Remplir de soda.

Terminer avec 2 gouttes de triple sec, 1 bâton, 2 pailles.

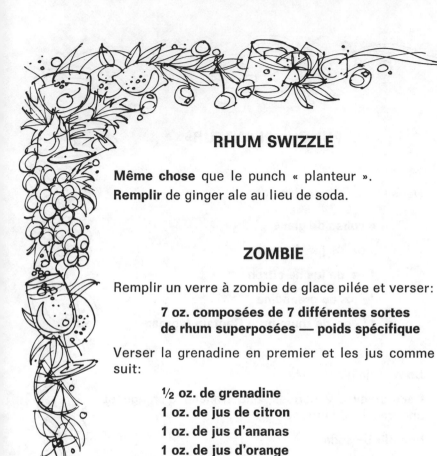

RHUM SWIZZLE

Même chose que le punch « planteur ».
Remplir de ginger ale au lieu de soda.

ZOMBIE

Remplir un verre à zombie de glace pilée et verser:

**7 oz. composées de 7 différentes sortes
de rhum superposées — poids spécifique**

Verser la grenadine en premier et les jus comme
suit:

½ oz. de grenadine

1 oz. de jus de citron

1 oz. de jus d'ananas

1 oz. de jus d'orange

Décorer avec 2 cerises, une tranche d'orange, une
tranche de citron, un morceau d'ananas.

Terminer avec ½ oz. de triple sec **Leroux,**
1 bâton, 2 pailles.

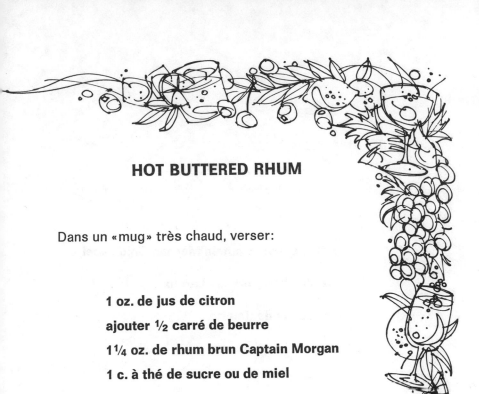

HOT BUTTERED RHUM

Dans un «mug» très chaud, verser:

1 oz. de jus de citron

ajouter ½ carré de beurre

1¼ oz. de rhum brun Captain Morgan

1 c. à thé de sucre ou de miel

Ajouter une tranche de citron percée de 3 clous de girofle.

Verser l'eau très chaude.

Saupoudrer de muscade.

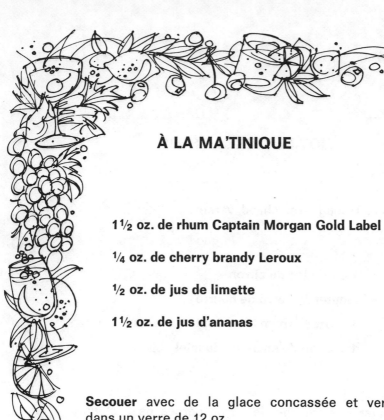

À LA MA'TINIQUE

1 ½ oz. de rhum Captain Morgan Gold Label

¼ oz. de cherry brandy Leroux

½ oz. de jus de limette

1 ½ oz. de jus d'ananas

Secouer avec de la glace concassée et verser dans un verre de 12 oz.

Décorer de fruits.

Servir avec 2 pailles.

LE «LITUANIEN»

1 oz. de rhum Captain Morgan Black Label

½ oz. de Triple Sec Leroux

½ oz. de jus de citron

Secouer avec la glace et verser dans un verre à cocktail refroidi.

Garnir d'une cerise.

LA RHUMERIE

1½ oz. de rhum Captain Morgan Gold Label

¾ oz. de cherry brandy Leroux

1½ oz. de jus d'ananas

1 oz. de jus de citron

1 oz. de jus d'orange

5 gouttes d'Angostura bitters

Secouer avec de la glace concassée et verser dans un verre à « zombie » (14 oz.).

Décorer de fruits.

Servir avec 2 pailles.

LE SAINT-GERMAIN DES PRÉS

1½ oz. de rhum Captain Morgan Gold Label
½ oz. de jus de citron
½ oz. de miel
½ oz. de jus d'orange

Secouer avec de la glace concassée et verser dans un verre de 8 oz.
Décorer de fruits.
Servir avec 2 pailles.

LE BAIE SAINT-PAUL SPÉCIAL

1 oz. de rhum Captain Morgan Black Label
½ oz. d'apricot brandy Leroux
2 oz. de jus d'orange

Secouer avec de la glace et couler dans un verre à champagne.
Garnir d'une cerise.

ZOOM IN

1¼ oz. de rhum Captain Morgan Black Label

¼ oz. de chartreuse jaune

1 oz. de jus de limette

½ oz. de sirop simple*

Secouer avec la glace et couler dans un verre à «sour».

Garnir d'une cerise.

---

* Voir à la page 15.

BANANA DAIQUIRI

Tamiser une tranche de banane et sucrer au goût.

Ajouter le jus d'une limette

    ½ oz. de sirop simple*

    1¼ oz. de rhum blanc Captain Morgan

Secouer vigoureusement et couler dans un verre à cocktail refroidi.

Garnir d'une cerise.

---

* Voir à la page 15.

RHUM-CASSIS

Dans un verre à «old fashioned»:

placer 3 ou 4 cubes de glace

ajouter 2 oz. de rhum blanc Captain Morgan

¼ oz. de sirop de cassis

Presser un zeste de citron.

Remuer lentement avec un bâtonnet avant de déguster.

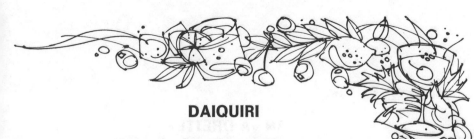

DAIQUIRI

**1¼ oz. de rhum Captain Morgan
White Label**

**½ oz. de jus de limette fraîche
ou de jus de citron**

¼ oz. de sirop simple*

Secouer avec de la glace et couler dans un verre
à cocktail refroidi.

Garnir d'une cerise.

ZOOM OUT

**1½ oz. de rhum Captain Morgan
Black Label**

1 oz. de jus de limette ou de citron

½ oz. de miel

Secouer avec de la glace et verser sans couler
dans un verre à « old fashioned ».

---

* Voir à la page 15.

PAN «À DRETTE»

1¼ oz. de rhum Captain Morgan
Black Label
¼ oz. d'apricot brandy Leroux
1¼ oz. de jus d'ananas

Secouer avec de la glace et couler dans un verre
à « sour » refroidi.

Garnir d'une cerise.

LE PLAY BOA

¾ oz. de rhum Captain Morgan
White Label
½ oz. de Triple Sec Leroux
¾ oz. de jus de citron

Secouer avec de la glace et couler dans un verre
à cocktail.

Garnir d'une cerise.

Cocktails au Scotch

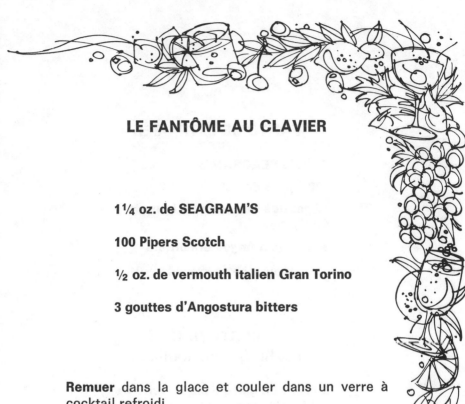

LE FANTÔME AU CLAVIER

1 ¼ oz. de SEAGRAM'S

100 Pipers Scotch

½ oz. de vermouth italien Gran Torino

3 gouttes d'Angostura bitters

Remuer dans la glace et couler dans un verre à cocktail refroidi.

Servir avec un zeste de citron.

FANTÔME EXTRA-SEC

2 oz. de SEAGRAM'S

100 Pipers Scotch

10 gouttes de vermouth français Noilly Prat

3 gouttes d'Angostura bitters

(voir recette précédente)

RUSTY NAIL
(La Broquette Rouillée)

3 cubes de glace dans un verre à «old fashioned»

1¼ oz. de SEAGRAM'S 100 Pipers Scotch

¾ de Drambuie

Décorer avec un zeste de citron.

Servir avec bâton.

SCOTCH MIST
(Bruine écossaise)

Remplir un verre à «old fashioned» avec de la glace pilée.

2 oz. de SEAGRAM'S 100 Pipers Scotch

Servir avec 1 zeste de citron et 2 petites pailles.

SCOTCH ON THE ROCKS

Dans un verre à «old fashioned», verser:

1¼ oz. de SEAGRAM'S 100 Pipers Scotch sur des cubes de glace

Servir avec un zeste de citron.

Peut aussi se préparer à base de rye, de gin, de brandy ou de rhum aussi bien que de vodka.

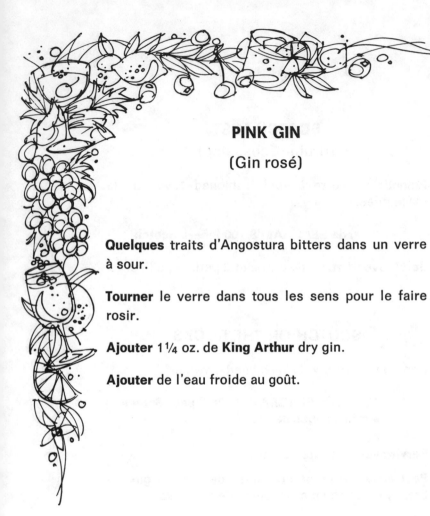

PINK GIN

(Gin rosé)

Quelques traits d'Angostura bitters dans un verre à sour.

Tourner le verre dans tous les sens pour le faire rosir.

Ajouter 1¼ oz. de **King Arthur** dry gin.

Ajouter de l'eau froide au goût.

GIN FIZZ

Dans un verre à mélanger, mettre:

       1¼ oz. de jus de citron préparé**

       1¼ oz. de King Arthur dry gin

       4 cubes de glace

Brasser vigoureusement avec le shaker.

Servir dans un verre à collins avec les 4 cubes de glace.

Décorer avec une cerise, une tranche d'orange.

Mélanger avec du soda en brassant pour obtenir le « fizz ».

** Voir à la page 15.

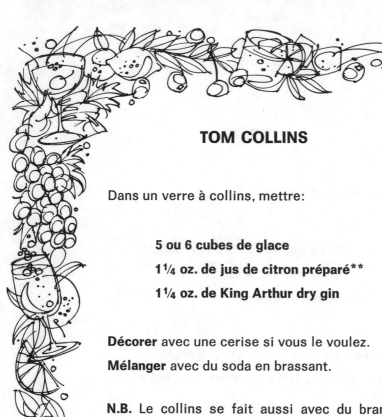

TOM COLLINS

Dans un verre à collins, mettre:

5 ou 6 cubes de glace

1 ¼ oz. de jus de citron préparé**

1 ¼ oz. de King Arthur dry gin

Décorer avec une cerise si vous le voulez.

Mélanger avec du soda en brassant.

N.B. Le collins se fait aussi avec du brandy, du rye, du scotch, du rhum ou de la vodka.

_____

** Voir à la page 15.

Cocktails
au
Rye Whisky

WHISKY SOUR

1¼ oz. de SEAGRAM'S V.O.

1½ oz. de jus de citron préparé**

Secouer dans la glace et couler dans un verre à «sour».

Servir avec une cerise.

N.B. Le «sour» se prépare aussi à base de gin, de brandy, de rhum, de scotch ou de vodka.

OLD FASHIONED

Sur un cube de sucre, dans un verre à Old Fashioned:

Verser 3 gouttes d'Angostura bitters.

Diluer et broyer le sucre avec 1 oz. de soda.

Ajouter des cubes de glace et 1¼ oz. de **SEAGRAM'S** V.O.

Garnir de fruits variés et servir avec un pic à cocktail.

N.B. L'Old Fashioned peut aussi se préparer avec le scotch **SEAGRAM'S** 100 Pipers.

** Voir à la page 15.

X-13

1¼ oz. de SEAGRAM'S V.O.
½ oz. de jus de citron préparé**
½ oz. de jus d'orange
¼ oz. de grenadine

Secouer dans la glace et couler dans un verre à «sour» refroidi.

Servir avec une cerise.

LE «TILT À GAUCHE»

1¼ oz. de rye SEAGRAM'S V.O.
½ oz. de jus de citron
¼ oz. de sirop d'érable

Secouer avec de la glace et couler dans un verre à cocktail.

Garnir d'une cerise.

** Voir à la page 15.

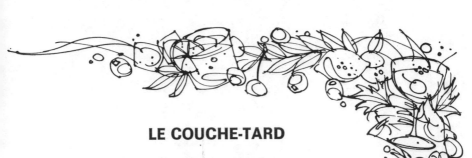

LE COUCHE-TARD

1¼ oz. de SEAGRAM'S Five Star

1 oz. de jus d'orange

½ oz. de sirop d'érable

Secouer avec de la glace et verser dans un verre de 14 oz. (zombie).

Remplir de soda en remuant avec un bâtonnet.

LA BRIQUE CHAUDE

Mélanger un carré de beurre à une cuillerée de sucre et deux ou trois pincées de canelle dans un verre de 12 oz. en ajoutant deux onces d'eau bouillante pour diluer.

Ajouter 2 oz. de rye **SEAGRAM'S Five Star.**

Remplir le verre d'eau bouillante et boire aussi chaud que possible.

L'ARC-EN-CIEL

¼ oz. de grenadine

¼ oz. de liqueur Galliano ou
d'apricot brandy Leroux

1 oz. de jus de citron

1 trait d'Angostura bitters

1 oz. de rye SEAGRAM'S Five Star

Note: Pour créer l'effet désiré, mettre la grenadine au fond du verre et ajouter les autres
ingrédients l'un après l'autre.

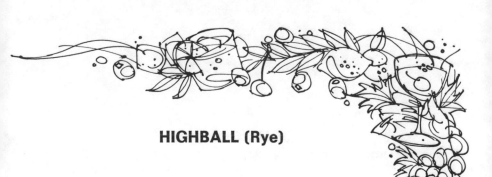

HIGHBALL (Rye)

Boisson servie avec eau gazeuse dans un grand verre, avec glace.

Mettre dans un verre à highball:

3 ou 4 cubes de glace

1¼ oz. de rye whisky SEAGRAM'S V.O.

Remplir de soda.

On peut également utiliser de la crème de menthe ou toute autre liqueur comme digestif.

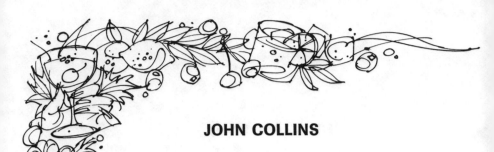

JOHN COLLINS

Dans un verre à collins, mettre:

5 ou 6 cubes de glace

1¼ oz. de jus de citron préparé**

1¼ oz. de rye SEAGRAM'S V.O.

Mélanger avec du soda en brassant.

Décorer avec une tranche d'orange et des cerises.

N.B. L'Américain veut un rye collins quand il dit John Collins; le Canadien veut un gin collins quand il dit John Collins.

———

** Voir à la page 15.

BOILER MAKER
(comme la mère à Rolland de Pellerin)

Au Québec, c'est un «chaser».

Dans un verre à highball, mettre:

1¼ oz. de rye SEAGRAM'S V.O.
1 bouteille de bière dans un verre à bière

Mélanger oui ou non, au choix.*

Attention, c'est « traître ».

_____

* Au lieu de rye, on peut employer du brandy Chemineaud.

SWEET MANHATTAN COCKTAIL

Dans un verre à mélanger, mettre:

4 cubes de glace

½ oz. de vermouth rouge sucré Gran Torino

1¼ oz. de rye whisky SEAGRAM'S V.O.

3 gouttes d'Angostura bitters

Bien remuer avec une longue cuiller.

Passer dans un verre à cocktail refroidi.

Décorer avec une cerise.

DRY MANHATTAN COCKTAIL

Dans un verre à mélanger, mettre:

4 cubes de glace

½ oz. de vermouth blanc sec Noilly Prat

1¼ oz. de rye SEAGRAM'S V.O.

Bien remuer avec une longue cuiller.

Passer dans un verre à cocktail refroidi.

Décorer avec un zeste de citron.

––––––––

Extra Dry: 10 gouttes de **Noilly Prat;** 2 oz. de **SEAGRAM'S V.O.**; remuer; passer, zeste de citron.

PERFECT MANHATTAN COCKTAIL

Dans un verre à mélanger, mettre:

4 cubes de glace

¼ oz. de vermouth blanc sec Noilly Prat

**¼ oz. de vermouth rouge sucré
Gran Torino**

1¼ oz. de rye SEAGRAM'S V.O.

Bien remuer avec une longue cuiller.

Passer dans un verre à cocktail refroidi.

Décorer avec un zeste d'orange.

Cocktails

au

Brandy

BRANDY ALEXANDER

Dans un verre à mélanger:

> ¾ oz. de brandy *****Chemineaud
>
> ½ oz. de crème de cacao
>
> ¾ oz. de crème de table à 15%

Secouer avec de la glace et couler dans un verre à cocktail refroidi.

Saupoudrer de muscade.

N.B. L'Alexander peut aussi se préparer avec du dry gin, du rye, du rhum ou du scotch.

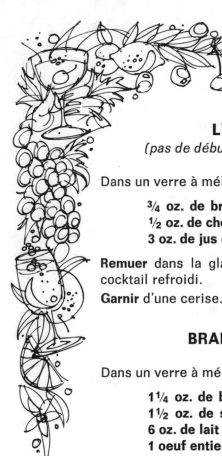

L'INITIATION
(pas de débutantes, 18 ans au moins)

Dans un verre à mélanger:

       ³/₄ oz. de brandy *****Chemineaud
       ½ oz. de cherry brandy Leroux
       3 oz. de jus d'ananas

Remuer dans la glace et couler dans un verre à cocktail refroidi.

Garnir d'une cerise.

BRANDY EGG NOG

Dans un verre à mélanger:

       1¼ oz. de brandy *****Chemineaud
       1½ oz. de sirop simple*
       6 oz. de lait
       1 oeuf entier
       5 ou 6 gouttes d'extrait de vanille

Secouer dans la glace et couler dans un verre de 14 oz.

Saupoudrer de muscade.

----
* Voir à la page 15.

APRÈS-SKI

(drink à poil)

Dans un verre à mélanger:

  ¾ oz. de brandy *****Chemineaud

  ¾ oz. de rhum blanc Captain Morgan

  ½ oz. de Triple Sec Leroux

  1 oz. de jus de citron préparé**

Secouer dans la glace et couler dans un verre à «sour» refroidi.

Garnir d'une cerise.

———

** Voir à la page 15.

STINGER

(L'aiguillon)

Dans un verre à mélanger, mettre:

**1 oz. de brandy (ou cognac)
* * * * *Chemineaud**

½ oz. de crème de menthe blanche Leroux

4 cubes de glace

Brasser vigoureusement dans le «shaker».

Servir dans un verre à cocktail refroidi.

Décorer avec un zeste de citron.

On peut faire ce mélange en remuant dans de la glace.

LE SIDE CAR
(Le Flikabisik)

Dans un verre à mélanger, mettre:

¾ oz. de jus de citron préparé**

**¾ oz. de brandy (ou cognac)
*****Chemineaud**

½ oz. de Triple Sec Leroux

4 cubes de glace

Brasser vigoureusement avec le «shaker».

Servir dans un verre à cocktail.

Décorer avec une cerise.

** Voir à la page 15.

BRANDY FLIP

Dans un verre à mélanger, mettre:

1 oeuf
1 c. à thé de sucre
1¼ oz. de brandy *****Chemineaud
4 cubes de glace
3 gouttes d'Angostura bitters

Brasser vigoureusement avec le «shaker».

Servir dans un verre à « old fashioned ».

Saupoudrer de muscade.

BRANDY FLOATER

Remplir un verre de 10 oz. de vichy glacé jusqu'à un pouce de son bord, sans glaçons.

Faire flotter à l'aide d'une longue cuiller 1¼ oz. de cognac ou de brandy *****Chemineaud.

Cocktails
au
Dry Gin

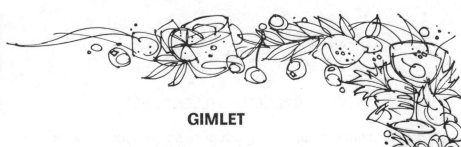

GIMLET

Dans un verre à mélanger:

1¼ oz. de King Arthur Dry Gin
½ oz. de Triple Sec Leroux
1¼ oz. de jus de citron préparé**

Secouer dans de la glace et couler dans un verre à champagne refroidi.

Servir avec 2 cerises balancées sur le bord du verre.

MARTINI SEC

Dans un verre à mélanger:

1¼ oz. de King Arthur Dry Gin
½ oz. de vermouth français Noilly Prat

Remuer dans la glace et couler dans un verre à cocktail refroidi.

Servir avec une olive.

** Voir à la page 15.

SPÉCIAL «VILLENEUVE»

Mettre 3 cubes de glace dans un verre de 10 oz. et verser 1¼ oz. de **SEAGRAM'S** Extra Dry Gin.

Remplir en parties égales de «tonic water» et de Seven Up.

Servir avec un zeste de citron. (Un bon zeste.)

MARTINI EXTRA SEC

Dans un verre à mélanger:

2 oz. de King Arthur Dry Gin
10 gouttes de vermouth français Noilly Prat

Remuer avec cuiller et couler dans un verre à cocktail refroidi.

Servir avec un zeste de citron.

GIBSON

Recette précédente.

Servir avec 2 petits oignons au lieu du zeste.

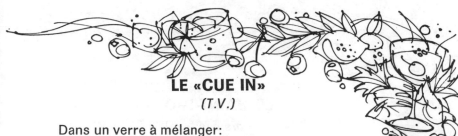

LE «CUE IN»
(T.V.)

Dans un verre à mélanger:

> **1 oz. de King Arthur Dry Gin**
> **¼ oz. de Leroux cherry brandy**
> **½ oz. de vermouth italien Gran Torino**

Remuer dans la glace et couler dans un verre à cocktail refroidi.

Servir avec un zeste d'orange.

ORANGE BLOSSOM
(fleur d'oranger, très rare, facile à perdre)

Dans un verre à mélanger:

> **1 oz. de King Arthur Dry Gin**
> **1 oz. de jus d'orange**
> **5 ou 6 gouttes de grenadine**

Remuer ou secouer dans la glace et couler dans un verre à cocktail refroidi.

Servir avec une cerise.

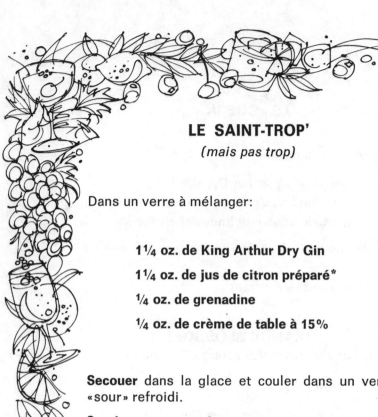

LE SAINT-TROP'
(mais pas trop)

Dans un verre à mélanger:

1¼ oz. de King Arthur Dry Gin

1¼ oz. de jus de citron préparé*

¼ oz. de grenadine

¼ oz. de crème de table à 15%

Secouer dans la glace et couler dans un verre à «sour» refroidi.

Servir avec une cerise.

———————

* Voir à la page 15.

SINGAPORE SLING
(La moulinette chinoise)

Dans un verre de 14 oz. (zombie) rempli de glace concassée, verser sur la paroi ½ oz. des quatre ingrédients suivants: grenadine, jus de citron, d'ananas et d'orange.

1¼ oz. de King Arthur Dry Gin

½ oz. de cherry brandy Leroux

¼ oz. de Triple Sec Leroux

Garnir avec des fruits et servir avec cuiller et pailles.

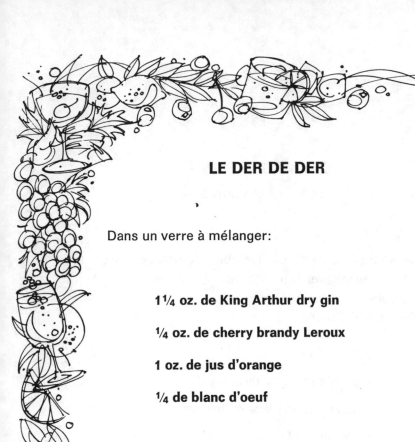

LE DER DE DER

Dans un verre à mélanger:

1 ¼ oz. de King Arthur dry gin

¼ oz. de cherry brandy Leroux

1 oz. de jus d'orange

¼ de blanc d'oeuf

Secouer avec la glace et couler dans un verre à «sour» refroidi.

Garnir d'une cerise.

LE «DÉCARÊMAGE»

Dans un verre à mélanger:

1¼ oz. de King Arthur dry gin

1 oz. de jus de pamplemousse

½ oz. de sirop simple*

¼ de blanc d'oeuf

Secouer avec glace dans un verre à «sour» refroidi.

Garnir d'une cerise.

---

* Voir à la page 15.

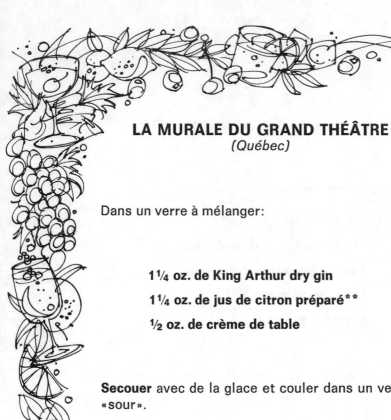

LA MURALE DU GRAND THÉÂTRE
(Québec)

Dans un verre à mélanger:

   1¼ oz. de King Arthur dry gin

   1¼ oz. de jus de citron préparé**

   ½ oz. de crème de table

Secouer avec de la glace et couler dans un verre à «sour».

Garnir d'une cerise.

** Voir à la page 15.

PARK AVENUE

Dans un verre à mélanger:

1¼ oz. de King Arthur dry gin
¼ oz. de vermouth italien Gran Torino
½ oz. de jus d'ananas

Secouer avec de la glace et servir dans un verre à cocktail refroidi.
Garnir d'une cerise.

BLANCHE-NEIGE

(pas de nains)

Dans un verre à mélanger:

1¼ oz. de King Arthur dry gin
½ oz. de Triple Sec Leroux
1¼ oz. de jus de citron préparé**

Secouer avec de la glace et couler dans un verre à « sour ».
Garnir d'une cerise.

** Voir à la page 15.

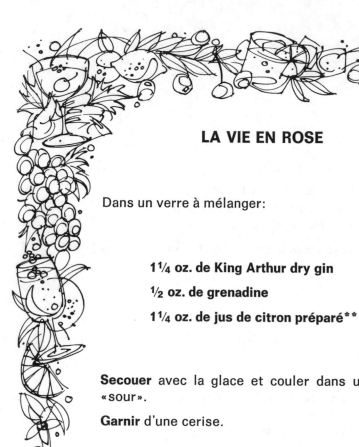

LA VIE EN ROSE

Dans un verre à mélanger:

1¼ oz. de King Arthur dry gin

½ oz. de grenadine

1¼ oz. de jus de citron préparé**

Secouer avec la glace et couler dans un verre à «sour».

Garnir d'une cerise.

———

** Voir à la page 15.

RECETTES EXCLUSIVES À BASE

DE GIN

Jacques

Normand

L'AVANT-DERNIER
(on dit ça)

Dans un verre à «old fashioned», verser sur des cubes de glace:

> **1¼ oz. de King Arthur dry gin**
> **1¼ oz. de jus de pomme**

Servir avec zeste d'orange.

ONCLE JACQUES
(pas pour mes neveux et nièces)

Dans un verre à mélanger:

> **¾ oz. de King Arthur dry gin**
> **¾ oz. de rhum blanc Captain Morgan**
> **¼ oz. de Triple Sec Leroux**

Remuer avec la glace et servir dans un verre à «old fashioned» avec zeste d'orange.

LE VIEUX MONTRÉAL

Dans un verre à mélanger:

> **1 oz. de King Arthur dry gin**
> **1 oz. de jus de canneberge**
> **⅛ oz. de crème de menthe blanche Leroux**

Remuer avec la glace et servir dans un verre à cocktail avec zeste de citron.

ONCLE ROGER
(Bo-Lu)

Dans un verre à mélanger:

> **¾ oz. de King Arthur dry gin**
> **¾ oz. de brandy * * * * *Chemineaud**
> **½ oz. de cherry brandy Leroux**

Remuer avec la glace et couler dans un verre à cocktail.

Servir avec zeste d'orange.

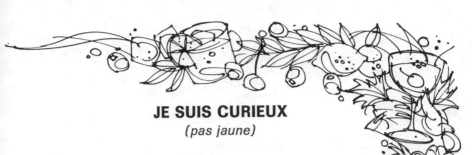

JE SUIS CURIEUX
(pas jaune)

Dans un verre à mélanger:

1½ oz. de King Arthur dry gin
¼ oz. de sherry Fino Fernandez

Remuer avec la glace et couler dans un verre à cocktail refroidi.

Garnir d'une olive farcie.

LE RAPIDO

Dans un verre à mélanger:

1¼ oz. de King Arthur dry gin
¼ oz. de grenadine
1¼ oz. de jus d'orange
¼ de blanc d'oeuf

Secouer avec la glace et couler dans un verre à «sour» refroidi.

Garnir d'une cerise.

STANKÉ SPÉCIAL

Dans un verre à mélanger:

> ¼ oz. de vermouth français Noilly Prat
> ¼ oz. de vermouth italien Gran Torino
> ¼ oz. de cherry brandy Leroux
> 1¼ oz. de King Arthur dry gin
> 1 trait d'Angostura bitters

Remuer avec la glace et servir dans un verre à cocktail avec zeste d'orange.

LA PORTE OUVERTE
(memories)

Dans un verre à mélanger:

> 1¼ oz. de King Arthur dry gin
> ½ oz. de Triple Sec Leroux
> 1¼ oz. de jus d'orange
> ¼ de blanc d'oeuf

Secouer avec la glace et couler dans un verre à «sour» refroidi.

Garnir d'une cerise.

MARTINI PARFAIT

1¼ oz. de King Arthur dry gin

¼ oz. de vermouth rouge sucré

¼ oz. de vermouth sec blanc

Verser dans un verre à mélanger avec 4 cubes de glace.

Remuer avec une longue cuiller.

Couler, avec la passoire, dans un verre à cocktail refroidi.

Garnir d'une cerise.

COCKTAIL DUBONNET

(du bo . . . du bon . . . du bonnet)

1 oz. de King Arthur dry gin

2 oz. de Dubonnet

3 gouttes d'Angostura bitters

Verser dans un verre à mélanger avec cubes de glace.

Bien remuer avec une longue cuiller.

Couler, avec la passoire, dans un verre à vin refroidi.

Servir avec zeste d'orange.

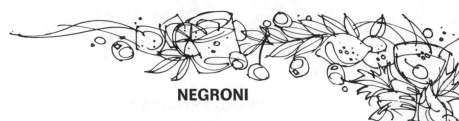

NEGRONI

¾ oz. de King Arthur dry gin
¾ oz. de vermouth italien Gran Torino
¾ oz. de Campari

Verser dans un verre à «old fashioned» contenant 3 cubes de glace.

Décorer avec un zeste de citron et une tranche d'orange.

BRONX COCKTAIL

Dans un verre à mélanger, mettre:

½ oz. de jus d'orange
¼ oz. de vermouth italien Gran Torino
¼ oz. de vermouth français Noilly Prat
1 oz. de King Arthur dry gin
4 cubes de glace.

Brasser vigoureusement avec le shaker.

Servir dans un verre à cocktail.

Décorer avec une cerise.

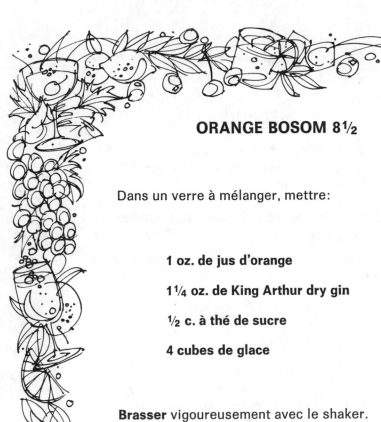

ORANGE BOSOM 8½

Dans un verre à mélanger, mettre:

   1 oz. de jus d'orange

   1¼ oz. de King Arthur dry gin

   ½ c. à thé de sucre

   4 cubes de glace

Brasser vigoureusement avec le shaker.

Servir dans un verre à cocktail.

Décorer avec une cerise.

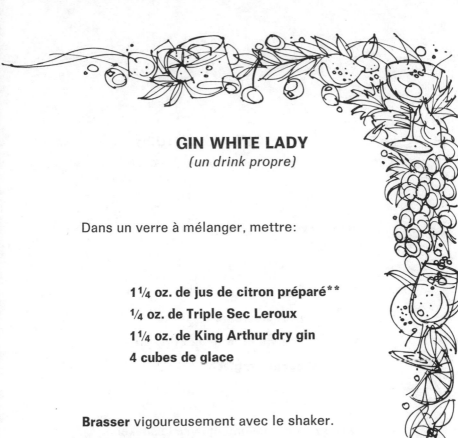

GIN WHITE LADY
(un drink propre)

Dans un verre à mélanger, mettre:

> **1¼ oz. de jus de citron préparé****
> **¼ oz. de Triple Sec Leroux**
> **1¼ oz. de King Arthur dry gin**
> **4 cubes de glace**

Brasser vigoureusement avec le shaker.

Servir dans un verre à « sour ».

Décorer avec une cerise.

** Voir à la page 15.

GIN ALEXANDER
(yamamoto kakapote)

Dans un verre à mélanger, mettre:

> ¾ **oz. de crème à 15%**
>
> ½ **oz. de crème de cacao**
>
> ¾ **oz. de King Arthur dry gin**
>
> **4 cubes de glace**

Brasser vigoureusement avec le shaker.

Servir dans un verre à cocktail.

Saupoudrer de muscade.

PINK LADY

(La pitoune rose)

Dans un verre à mélanger, mettre:

1¼ oz. de crème à 15%

½ oz. de grenadine

1¼ oz. de King Arthur dry gin

4 cubes de glace

Brasser vigoureusement avec le shaker.

Servir dans un verre à «sour».

Décorer avec une cerise.

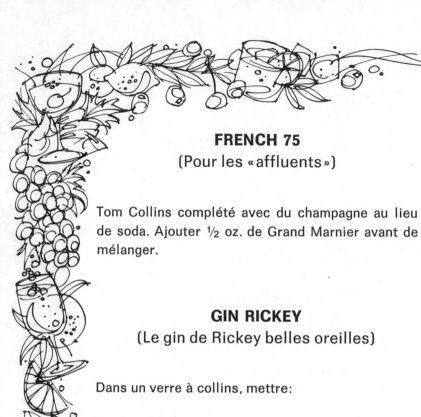

FRENCH 75
(Pour les «affluents»)

Tom Collins complété avec du champagne au lieu de soda. Ajouter ½ oz. de Grand Marnier avant de mélanger.

GIN RICKEY
(Le gin de Rickey belles oreilles)

Dans un verre à collins, mettre:

3 cubes de glace.

Presser le jus d'une demi-limette.

Laisser tomber le morceau de limette dans le verre 1¼ oz. de **King Arthur** dry gin.

Remplir de soda.

Se sert avec un bâtonnet.

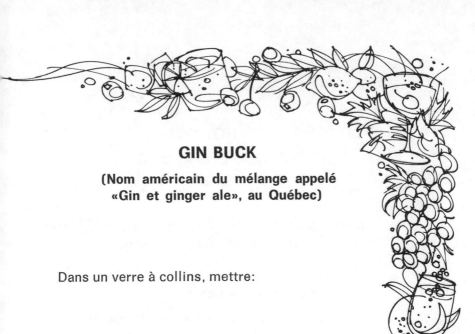

GIN BUCK

(Nom américain du mélange appelé «Gin et ginger ale», au Québec)

Dans un verre à collins, mettre:

3 cubes de glace.

Presser le jus d'un demi-citron.

Laisser tomber le morceau de citron dans le verre.

Ajouter 1 ¼ oz. de **King Arthur** dry gin.

Remplir de ginger ale.

HOT GIN

(Geneva or dry gin) Grog

Dans un verre à «old fashioned» ou une grosse tasse (mug) réchauffée au préalable, mettre:

> 1 oz. de jus de citron
>
> 1 c. à thé arasée de sucre, de miel ou de sirop d'érable
>
> 1¼ oz. de Geneva ou de dry gin (bien spécifier)

Verser l'eau très chaude à l'aide d'une cuillère à thé.

Ajouter une tranche de citron percée de 3 clous de girofle.

Saupoudrer de muscade.

Cocktails
à la
Vodka

MOUSSE VERTE

Dans un verre à mélanger:

1 oz. de vodka Bolshoi
½ oz. de crème de menthe verte Leroux
1 oz. de jus de pamplemousse
½ blanc d'oeuf

Secouer dans la glace et couler dans un verre à champagne refroidi.

Garnir d'une cerise verte.

RHUM-MOLOTOV
(un vrai cocktail)

Dans un verre à mélanger:

1 oz. de vodka Bolshoi
½ oz. de Triple Sec Leroux
½ oz. de rhum Captain Morgan white label

Remuer avec la glace et couler dans un verre à cocktail refroidi.

Servir avec zeste de citron.

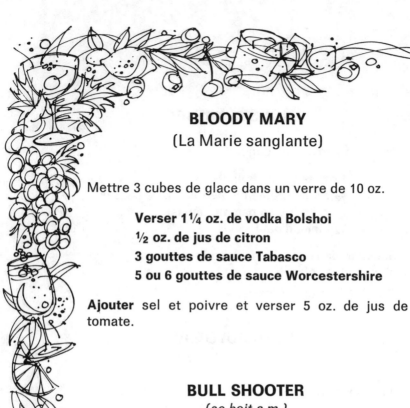

BLOODY MARY
(La Marie sanglante)

Mettre 3 cubes de glace dans un verre de 10 oz.

Verser 1¼ oz. de vodka Bolshoi
½ oz. de jus de citron
3 gouttes de sauce Tabasco
5 ou 6 gouttes de sauce Worcestershire

Ajouter sel et poivre et verser 5 oz. de jus de tomate.

BULL SHOOTER
(se boit a.m.)

Mêmes ingrédients que pour le **BLOODY MARY,** sauf que l'on utilise une moitié de jus de tomate et une moitié de bouillon de boeuf.

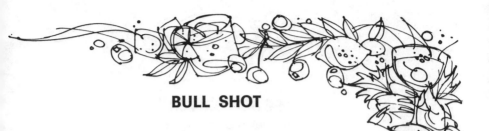

BULL SHOT

Mêmes ingrédients que le **BULL SHOOTER,** sauf que l'on n'emploie que du bouillon de bœuf.

BLACK RUSSIAN

Mettre 3 cubes de glace dans un verre à «old fashioned».

      ¾ oz. de Tia Maria ou de Kahlua

      1¼ oz. de vodka Bolshoi.

Presser le zeste d'orange.

Servir avec bâtonnet.

SCREWDRIVER
(tournevis dans la plaie)

Mettre 3 cubes de glace dans un verre à highball

1¼ oz. de vodka Bolshoi

Remplir de jus d'orange.

Garnir d'une tranche d'orange.

MOSCOW MULE
(La limette moscovite)

Mettre 3 cubes de glace dans un verre à collins ou « mug ».

Presser et laisser tomber dans le verre ½ limette. 1¼ oz. de vodka **Bolshoi** et une pelure de concombre.

Remplir de ginger beer.

Concoctions diverses

LA CHOUINE

Dans un verre à mélanger:

¾ oz. de crème de menthe verte Leroux
½ oz. de cherry brandy Leroux
¾ oz. de crème de table à 15%

Secouer dans la glace et couler dans un verre à cocktail refroidi.

Garnir d'une cerise verte.

CRÈME DE MENTHE HIGHBALL

Dans un verre de 10 oz., verser sur 3 cubes de glace:

1¼ oz. de crème de menthe verte
ou blanche Leroux

Remplir avec du soda.

GRASSHOPPER
(La sauterelle)

Dans un verre à mélanger, mettre:

¾ oz. de crème à 15%

¾ oz. de crème de cacao

¾ oz. de crème de menthe verte

4 cubes de glace

Brasser vigoureusement avec le shaker.

Servir dans un verre à cocktail avec une demi-cerise rouge et une demi-cerise verte jointes au moyen d'un pic.

CHAMPAGNE COCKTAIL

Dans une coupe à champagne, mettre:

1 cube de sucre

Imbiber le sucre avec de **l'Angostura** bitters.
Remplir le verre de champagne.
Parfumer avec ¼ oz. de **Grand Marnier** ou de
Brandy Chemineaud. On peut ajouter un zeste de
citron.

BLACK VELVET

Dans un verre à bière:

Verser simultanément en quantités égales **champagne** et **Guinness' Stout** ou **porter.**

PERROQUET

Dans un verre à « old fashioned » avec glace, verser:

> ¾ oz. de crème de menthe verte
>
> ¾ oz. de Pernod

Servir avec eau ou sur glaçons.

TOMATE

Dans un verre à « old fashioned », avec glace, verser:

> ½ oz. de grenadine
>
> 1¼ oz. de Pernod

Servir avec eau.

JACK ROSE COCKTAIL
(On n'en revient pas!)

Dans un verre à mélanger, mettre:

> **1 oz. de jus de citron**
> **¼ oz. de grenadine**
> **1¼ oz. de calvados**
> **4 cubes de glace**

Brasser vigoureusement avec le shaker.
Servir dans un verre à cocktail.
Décorer avec une cerise ou zeste de citron.

AMER-PICON

Dans un verre à eau sur pied ou un verre à Amer-Picon, mettre:

> **½ oz. de grenadine**
> **3 cubes de glace**

Verser du soda sur la glace à un pouce du bord du verre.
Faire flotter 1¼ oz. d'Amer-Picon.
Servir avec un bâtonnet.

AMERICANO

Dans un verre à highball, mettre:

3 cubes de glace
¾ oz. de Campari
1¼ oz. de vermouth rouge Gran Torino

Remplir avec du soda.
Décorer avec un zeste de citron.
Servir avec un bâtonnet.

MARGARITA
(un souvenir)

Dans un verre à mélanger, mettre:

1 oz. de jus de limette
½ oz. de Triple Sec Leroux
1¼ oz. de tequila
4 cubes de glace

Brasser vigoureusement avec le shaker.
Servir dans une coupe à champagne dont les rebords auront été préalablement givrés avec du sel.
Décorer avec une tranche de limette.

ANGEL KISS
(les anges n'ont pas de corps)

Dans un verre à cordial, mettre:

¾ oz. de crème de cacao

Faire flotter de la crème à 15% sur la liqueur.

Décorer avec une demi-cerise sur pic.

POUSSE-CAFÉ

Dans un verre à cordial, mettre:

1/7 oz. de grenadine
1/7 oz. de crème de cacao
1/7 oz. de crème de menthe verte
1/7 oz. de chartreuse jaune
1/7 oz. de Triple Sec
1/7 oz. de chartreuse verte
1/7 oz. de brandy

Faire flamber.

FLAMING FLAMINGO
(le flamant enflammé se tient sur une patte)

Dans un verre à sherry, mettre:

> ¼ oz. de grenadine
> ½ oz. de crème de menthe verte Leroux
> ½ oz. de Triple Sec Leroux
> ½ oz. de brandy Chemineaud

Faire flamber.

ARF AND ARF
(Ouaf-ouaf)

Dans un verre à bière, verser:

> ½ bouteille de porter
> ½ bouteille de bière (ale).

SHANDY GAFF
(les Français le nomment rince-cochon)

Dans un pot à eau à demi rempli de glace:

Mélanger bière et ginger beer (proportions au choix).

En général, on compte trois mesures de bière pour une mesure de ginger beer.

RED EYE
(Lendemain de la veille)

Mélanger bière et jus de tomate en quantités égales.

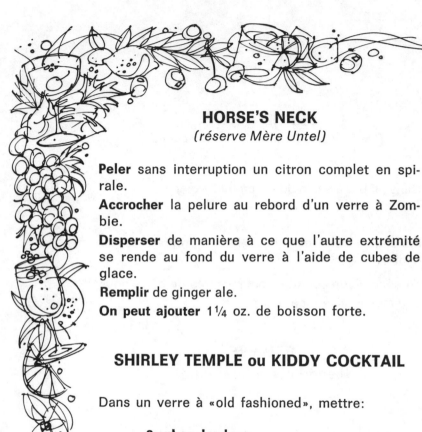

HORSE'S NECK
(réserve Mère Untel)

Peler sans interruption un citron complet en spirale.

Accrocher la pelure au rebord d'un verre à Zombie.

Disperser de manière à ce que l'autre extrémité se rende au fond du verre à l'aide de cubes de glace.

Remplir de ginger ale.

On peut ajouter 1¼ oz. de boisson forte.

SHIRLEY TEMPLE ou KIDDY COCKTAIL

Dans un verre à «old fashioned», mettre:

       3 cubes de glace
       ½ oz. de grenadine
       2 cerises, une tranche d'orange et
       une tranche de citron.

Remplir de Seven Up.

LIMONADE OU ORANGEADE

Dans un verre à collins, mettre:

4 cubes de glace

2½ oz. de jus de citron

Sucrer au goût

Remplir de soda ou Seven Up.

Décorer avec une cerise et une tranche de citron pour limonade ou une tranche d'orange pour les orangeades.

Bâtonnet et pailles.

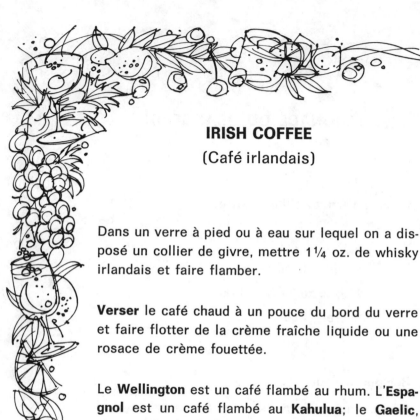

IRISH COFFEE
(Café irlandais)

Dans un verre à pied ou à eau sur lequel on a disposé un collier de givre, mettre 1¼ oz. de whisky irlandais et faire flamber.

Verser le café chaud à un pouce du bord du verre et faire flotter de la crème fraîche liquide ou une rosace de crème fouettée.

Le **Wellington** est un café flambé au rhum. L'**Espagnol** est un café flambé au **Kahulua**; le **Gaelic**, au scotch; le **Français**, au brandy Napoléon; le **Jamaïcan**, au rhum; le **Calypso**, au Tia Maria; le **Russe**, à la Vodka; et le **Terrace** à la Bénédictine ou brandy Chemineaud.

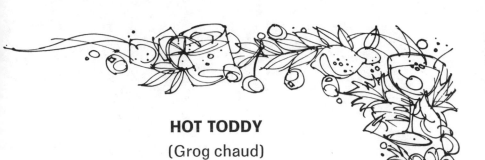

HOT TODDY
(Grog chaud)

Dans un verre à «old fashioned» réchauffé ou dans une grosse tasse (mug) si possible, mettre:

1 c. à thé de sucre

1¼ oz. de scotch SEAGRAM'S 100 Pipers

A l'aide d'une cuiller à thé, remplir le verre avec de l'eau bouillante.

Ajouter, tranche de citron, clous de girofle, muscade (muscade seulement, si on le désire).

Peut aussi se préparer à base de **V.O. Rye.**

Index

P

R

W

X

Z

Achevé d'imprimer sur les presses de

L'IMPRIMERIE ELECTRA*
*Division de l'A.D.P. Inc.

pour

LES ÉDITIONS DE L'HOMME*
*Division de Sogides Ltée

Imprimé au Canada/Printed in Canada

Ouvrages parus aux ÉDITIONS DE L'HOMME

* Pour l'Amérique du Nord seulement.
** Pour l'Europe seulement.

ALIMENTATION — SANTÉ

* **Allergies, Les,** Dr Pierre Delorme
* **Apprenez à connaître vos médicaments,** René Poitevin
* **Art de vivre en bonne santé, L',** Dr Wilfrid Leblond
* **Bien dormir,** Dr James C. Paupst
* **Bien manger à bon compte,** Jocelyne Gauvin
* **Boîte à lunch, La,** Louise Lambert-Lagacé
* **Cellulite, La,** Dr Gérard J. Léonard
  Comment nourrir son enfant, Louise Lambert-Lagacé
  Congélation des aliments, La, Suzanne Lapointe
* **Conseils de mon médecin de famille, Les,** Dr Maurice Lauzon
* **Contrôlez votre poids,** Dr Jean-Paul Ostiguy
* **Desserts diététiques,** Claude Poliquin
* **Diététique dans la vie quotidienne, La,** Louise Lambert-Lagacé
  En attendant notre enfant, Yvette Pratte-Marchessault
* **Face-lifting par l'exercice, Le,** Senta Maria Rungé
* **Femme enceinte, La,** Dr Robert A. Bradley
* **Guérir sans risques,** Dr Émile Plisnier
* **Guide des premiers soins,** Dr Joël Hartley
  Maigrir, un nouveau régime... de vie, Edwin Bayrd
* **Maman et son nouveau-né, La,** Trude Sekely
** **Mangez ce qui vous chante,** Dr Leonard Pearson et Dr Lillian Dangott
* **Médecine esthétique, La,** Dr Guylaine Lanctôt
  Menu de santé, Louise Lambert-Lagacé
* **Pour bébé, le sein ou le biberon,** Yvette Pratte-Marchessault
* **Pour vous future maman,** Trude Sekely
* **Recettes pour aider à maigrir,** Dr Jean-Paul Ostiguy
  Régimes pour maigrir, Marie-José Beaudoin
* **Soignez-vous par le vin,** Dr E.A. Maury
  Sport — santé et nutrition, Dr Jean-Paul Ostiguy

ART CULINAIRE

* **Agneau, L',** Jehane Benoit
* **Art d'apprêter les restes, L',** Suzanne Lapointe
  Art de la cuisine chinoise, L', Stella Chan
* **Bonne table, La,** Juliette Huot
* **Brasserie la mère Clavet vous présente ses recettes, La,** Léo Godon
* **Canapés et amuse-gueule**
* **Cocktails de Jacques Normand, Les,** Jacques Normand
* **Confitures, Les,** Misette Godard
  Conserves, Les, Soeur Berthe
* **Cuisine aux herbes, La,**
* **Cuisine chinoise, La,** Lizette Gervais
* **Cuisine de maman Lapointe, La,** Suzanne Lapointe
* **Cuisine de Pol Martin, La,** Pol Martin

DOCUMENTS — BIOGRAPHIES

* **Maîtresse, La,** W. James, S. Jane Kedgley
* **Mammifères de mon pays, Les,** St-Denys, Duchesnay et Dumais
* **Masques et visages du spiritualisme contemporain,** Julius Evola
* **Mon calvaire roumain,** Michel Solomon
* **Moulins à eau de la vallée du Saint-Laurent, Les,** F. Adam-Villeneuve et C. Felteau
* **Mozart raconté en 50 chefs-d'oeuvre,** Paul Roussel
* **Musique au Québec, La,** Willy Amtmann
* **Objets familiers de nos ancêtres, Les,** Vermette, Genêt, Décarie-Audet
* **Option, L',** J.-P. Charbonneau et G. Paquette
* **Option Québec,** René Lévesque
* **Oui,** René Lévesque
  OVNI, Yurko Bondarchuck
* **Papillons du Québec, Les,** B. Prévost et C. Veilleux
* **Petite barbe. J'ai vécu 40 ans dans le Grand Nord, La,** André Steinmann
* **Patronage et patroneux,** Alfred Hardy
  Pour entretenir la flamme, T. Lobsang Rampa
* **Prague l'été des tanks,** Desgraupes, Dumayet, Stanké
* **Premiers sur la lune,** Armstrong, Collins, Aldrin Jr
* **Provencher, le dernier des coureurs de bois,** Paul Provencher
* **Québec des libertés, Le,** Parti Libéral du Québec
* **Révolte contre le monde moderne,** Julius Evola
* **Struma, Le,** Michel Solomon
* **Temps des fêtes, Le,** Raymond Montpetit
* **Terrorisme québécois, Le,** Dr Gustave Morf
  Treizième chandelle, La, T. Lobsang Rampa
* **Troisième voie, La,** Émile Colas
* **Trois vies de Pearson, Les,** J.-M. Poliquin, J.R. Beal
* **Trudeau, le paradoxe,** Anthony Westell
* **Vizzini,** Sal Vizzini
* **Vrai visage de Duplessis, Le,** Pierre Laporte

ENCYCLOPÉDIES

* **Encyclopédie de la chasse, L',** Bernard Leiffet
* **Encyclopédie de la maison québécoise,** M. Lessard, H. Marquis
  Encyclopédie de la santé de l'enfant, L', Richard I. Feinbloom
* **Encyclopédie des antiquités du Québec,** M. Lessard, H. Marquis
* **Encyclopédie des oiseaux du Québec,** W. Earl Godfrey
* **Encyclopédie du jardinier horticulteur,** W.H. Perron
* **Encyclopédie du Québec, vol. I,** Louis Landry
* **Encyclopédie du Québec, vol. II,** Louis Landry

LANGUE *

Améliorez votre français, Jacques Laurin
Anglais par la méthode choc, L', Jean-Louis Morgan
Corrigeons nos anglicismes, Jacques Laurin

Notre français et ses pièges, Jacques Laurin
Petit dictionnaire du joual au français, Augustin Turenne
Verbes, Les, Jacques Laurin

LITTÉRATURE *

Adieu Québec, André Bruneau
Allocutaire, L', Gilbert Langlois
Arrivants, Les, Collaboration
Berger, Les, Marcel Cabay-Marin

Bigaouette, Raymond Lévesque
Bousille et les justes (Pièce en 4 actes), Gratien Gélinas
Cap sur l'enfer, Ian Slater

Carnivores, Les, François Moreau
Carré Saint-Louis, Jean-Jules Richard
Cent pas dans ma tête, Les, Pierre Dudan
Centre-ville, Jean-Jules Richard
Chez les termites, Madeleine Ouellette-Michalska
Commettants de Caridad, Les, Yves Thériault
Cul-de-sac, Yves Thériault
D'un mur à l'autre, Paul-André Bibeau
Danka, Marcel Godin
Débarque, La, Raymond Plante
Demi-civilisés, Les, Jean-C. Harvey
Dernier havre, Le, Yves Thériault
Domaine Cassaubon, Le, Gilbert Langlois
Doux mal, Le, Andrée Maillet
Emprise, L', Gaétan Brulotte
Engrenage, L', Claudine Numainville
En hommage aux araignées, Esther Rochon
Exodus U.K., Richard Rohmer
Exonération, Richard Rohmer
Faites de beaux rêves, Jacques Poulin
Fréquences interdites, Paul-André Bibeau
Fuite immobile, La, Gilles Archambault
J'parle tout seul quand Jean Narrache, Émile Coderre
Jeu des saisons, Le, M. Ouellette-Michalska

Joey et son 29e meurte, Joey
Joey tue, Joey
Joey, tueur à gages, Joey
Marche des grands cocus, La, Roger Fournier
Monde aime mieux..., Le, Clémence DesRochers
Monsieur Isaac, G. Racette et N. de Bellefeuille
Mourir en automne, Claude DeCotret
N'tsuk, Yves Thériault
Neuf jours de haine, Jean-Jules Richard
New Medea, Monique Bosco
Ossature, L', Robert Morency
Outaragasipi, L', Claude Jasmin
Petite fleur du Vietnam, La, Clément Gaumont
Pièges, Jean-Jules Richard
Porte silence, Paul-André Bibeau
Requiem pour un père, François Moreau
Séparation, Richard Rohmer
Si tu savais..., Georges Dor
Temps du carcajou, Les, Yves Thériault
Tête blanche, Maire-Claire Blais
Trou, Le, Sylvain Chapdelaine
Ultimatum, Richard Rohmer
Valérie, Yves Thériault
Visages de l'enfance, Les, Dominique Blondeau
Vogue, La, Pierre Jeancard

LIVRES PRATIQUES — LOISIRS

* Abris fiscaux, Les, Robert Pouliot et al.
* Améliorons notre bridge, Charles A. Durand
* Animaux, Les — La p'tite ferme, Jean-Claude Trait
* Appareils électro-ménagers, Les
  Art du dressage de défense et d'attaque, L', Gilles Chartier
* Bien nourrir son chat, Christian d'Orangeville
* Bien nourrir son chien, Christian d'Orangeville
* Bonnes idées de maman Lapointe, Les, Lucette Lapointe
* Bricolage, Le, Jean-Marc Doré
  Bridge, Le, Viviane Beaulieu
* Budget, Le, En collaboration

* 100 métiers et professions, Guy Milot
* Collectionner les timbres, Yves Taschereau
* Comment acheter et vendre sa maison, Lucile Brisebois
* Comment aménager une salle de séjour
* Comment tirer le maximum d'une mini-calculatrice, Henry Mullish
* Comment amuser nos enfants, Louis Stanké
* Conseils aux inventeurs, Raymond-A. Robic
* Construire sa maison en bois rustique, D. Mann et R. Skinulis
* Crochet jacquard, Le, Brigitte Thérien
* Cuir, Le, L. Saint-Hilaire, W. Vogt

PHOTOGRAPHIE — CINÉMA

8/super 8/16, André Lafrance
Apprenez la photographie avec Antoine Desilets, Antoine Desilets
Apprendre la photo de sport, Denis Brodeur
* Chaînes stéréophoniques, Les, Gilles Poirier
* Chasse photographique, La, Louis-Philippe Coiteux
Ciné-guide, André Lafrance
Découvrez le monde merveilleux de la photographie, Antoine Desilets
Je développe mes photos, Antoine Desilets

Je prends des photos, Antoine Desilets
Photo à la portée de tous, La, Antoine Desilets
Photo de A à Z, La, Desilets, Coiteux, Gariépy
Photo-guide, Antoine Desilets
Photo reportage, Alain Renaud
Technique de la photo, La, Antoine Desilets
Vidéo et super-8, André A. Lafrance et Serge Shanks

PLANTES — JARDINAGE *

Arbres, haies et arbustes, Paul Pouliot
Culture des fleurs, des fruits et des légumes, La
Dessiner et aménager son terrain
Guide complet du jardinage, Le, Charles L. Wilson
Jardinage, Le, Paul Pouliot
Jardin potager, Le — La p'tite ferme, Jean-Claude Trait

Je décore avec des fleurs, Mimi Bassili
Plantes d'intérieur, Les, Paul Pouliot
Techniques du jardinage, Les, Paul Pouliot
Terrariums, Les, Ken Kayatta et Steven Schmidt
Votre pelouse, Paul Pouliot

PSYCHOLOGIE — ÉDUCATION

* Âge démasqué, L', Hubert de Ravinel
Aider son enfant en maternelle et en 1ère année, Louise Pedneault-Pontbriand
Aidez votre enfant à lire et à écrire, Louise Doyon-Richard
Amour de l'exigence à la préférence, L', Lucien Auger
* Caractères et tempéraments, Claude-Gérard Sarrazin
* Caractères par l'interprétation des visages, Les, Louis Stanké
Comment animer un groupe, Collaboration
Comment déborder d'énergie, Jean-Paul Simard
* Comment vaincre la gêne et la timidité, René-Salvator Catta
Communication dans le couple, La, Luc Granger
Communication et épanouissement personnel, Lucien Auger

* Complexes et psychanalyse, Pierre Valinieff
Contact, Léonard et Nathalie Zunin
* Cours de psychologie populaire, Fernand Cantin
Découvrez votre enfant par ses jeux, Didier Calvet
* Dépression nerveuse, La, En collaboration
Développement psychomoteur du bébé, Le, Didier Calvet
* Développez votre personnalité, vous réussirez, Sylvain Brind'Amour
Douze premiers mois de mon enfant, Les, Frank Caplan
* Dynamique des groupes, J.-M. Aubry, Y. Saint-Arnaud
Être soi-même, Dorothy Corkille Briggs
Facteur chance, Le, Max Gunther
* Femme après 30 ans, La, Nicole Germain

SEXOLOGIE

SPORTS